DIE BIBEL
DER ATHEISTEN

Claude Cueni

Die Bibel der Atheisten

SCRIPT AVENUE
PUBLISHING

Impressum
Claude Cueni: Die Bibel der Atheisten

Herausgeber: Claude Cueni
Umschlaggestaltung: Thomas Jarzina, Holzkirchen
Fotos: shutterstock.com, wikipedia, atheistuniverse.net

ISBN 978-3-9524288-2-5

www.cueni.ch

Inhalt

Man kann auch zum Kopf einer Sardine beten, wenn man fest daran glaubt.

Japanisches Sprichwort

Vorwort

Gleichzeitig mit der »Bibel der Atheisten« erscheint auch mein Roman »Godless Sun« (Textprobe im Anhang). Er erzählt die Geschichte des Ghostwriters »Mitch«, der ein Buch über den Ursprung der Religiosität, über die Geburt der Religionen, schreibt, und vor dem Hintergrund der Islamisierung Europas mit ultraorthodoxen Religionsfanatikern in Konflikt gerät. Gegen Ende des Romans schreibt Mitch ein neues Buch, »Die Bibel der Atheisten«.

Da ich der Schöpfer der Romanfigur »Mitch« bin, versteht es sich von selbst, dass ich auch seine »Bibel der Atheisten« schreiben musste. Es handelt sich dabei um eine Sammlung von Zitaten berühmter Atheisten von Xenophanes über Sigmund Freud bis hin zu Woody Allen. Aus mehreren hundert Zitaten der letzten 3000 Jahre wurden ausschließlich Zitate ausgewählt, die sich durch Originalität, Prägnanz und Relevanz des Zitaturhebers aufdrängten. Die chronologische Anordnung soll einen Überblick über die Entwicklung des Atheismus in den verschiedenen Jahrhunderten und Epochen ermöglichen. Während vor zweitausend Jahren Reflektionen über Atheismus eher Philosophen vorbehalten waren, begannen im Spätmittelalter Weltumsegler wie Magellan oder Wissenschaftler wie Galileo Galilei aufgrund ihrer astronomischen Beobachtungen, die Behauptungen der Kirche in Frage zu stellen. Nach den Aufklärern des 18. Jahrhunderts, die Vernunft und Wissen dem Glauben entgegensetzten, folgten später Betrachtungen aus psychiatrischer Sicht. Mittlerweile hat die Diskussion die Forschungslabors der Neurologen erreicht.

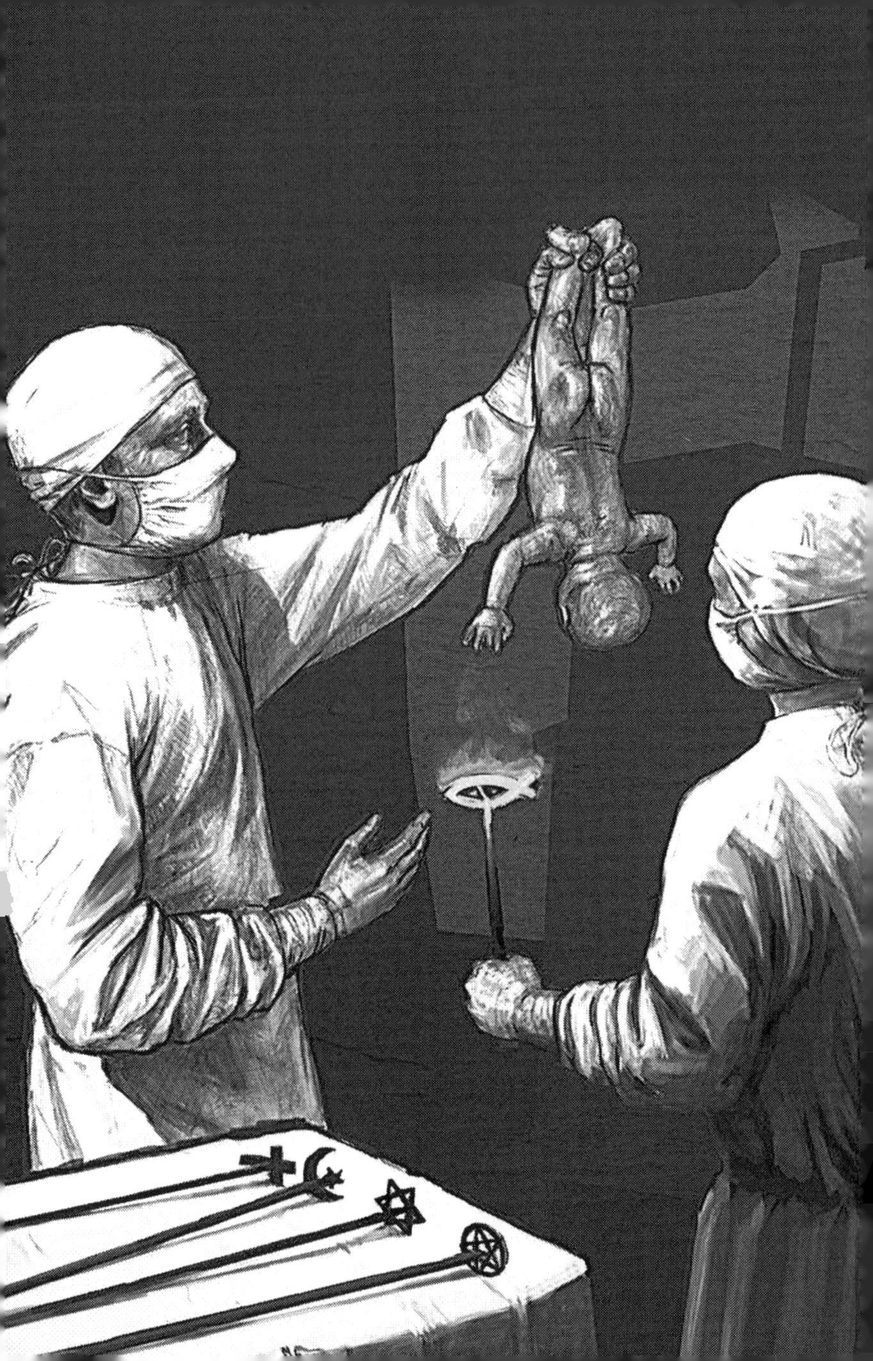

Einführung

Lissabon, 1. November 1755. Ein gewaltiges Erdbeben von apokalyptischem Ausmaß erschüttert die tiefgläubigen Einwohner der portugiesischen Hauptstadt. Das Epizentrum liegt im Atlantik, einige hundert Kilometer von Lissabon entfernt. Später werden Wissenschaftler eine Stärke von 9,0 schätzen. Die Erschütterung ist so stark, dass selbst im 1700 Kilometer entfernten Luxemburg eine Militärkaserne zusammenbricht und 500 Soldaten unter sich begräbt.

Kaum ist der Spuk zu Ende, türmen sich draußen im Meer Wellen zu einer 15 Meter hohen Flut, die sich über die Ruinen der Stadt ergießt und große Teile unter Wasser setzt. Kaum ist der Tsunami abgeklungen, folgen zwei weitere Beben, noch stärker als das erste. Die letzten Kirchtürme fallen auseinander, in den zerstörten Häuserzeilen brechen Feuer aus, fünf Tage lang brennt Lissabon, rund 60.000 Menschen sind von den Trümmern erschlagen, vom Feuer verbrannt oder in den Wassermassen ertrunken.

Die meisten der streng katholischen Einwohner feierten gerade in Kirchen und Kathedralen das Allerheiligenfest. Kein Gotteshaus hatte der Apokalypse standgehalten, nur ein einziges Quartier hatte die Beben, den Tsunami und die Feuersbrünste unbeschadet überlebt: das Rotlichtviertel.

Der französische Philosoph Voltaire soll angesichts dieser unfassbaren Katastrophe seinen Glauben verloren haben. Er schrieb: »Getäuschte Philosophen, kommt her und schaut euch an: entsetzliche Ruinen, die Scherben und der Schutt, von Asche die Lawinen, und Schicht auf Schicht gehäuft die Kinder und die Frauen, zerstreuter Gliederstaub, vom Marmorstein zerhauen.«

Wie konnte es geschehen, dass ausgerechnet die Weltmacht Portugal, die wie kein anderes europäisches Land das Christentum in die Welt hinausgetragen hatte, derart abgestraft worden war? Wie hatte Gott zulassen können, dass die Gläubigen in den Kirchen während des Gebets erschlagen wurden, während Prostituierte, Freier und Zuhälter überlebten?

Nicht nur Philosophen und Dichter dachten über diese Frage nach. In ganz Europa wurde der Glaube an einen gütigen und gerechten Gott in Zweifel gezogen. Die Dispute ebneten den Weg für die Naturwissenschaften, insbesondere der Geowissenschaften und der Seismologie. Man suchte nach natürlichen Ursachen. Während die Wissenschaften in den folgenden Jahrzehnten und Jahrhunderten den mangels Bildung weit verbreiteten Aberglauben durch Wissen ersetzen, erhitzte die

»Theodizee« (Rechtfertigung oder Gerechtigkeit Gottes), die bereits die griechischen Philosophen der Antike beschäftigt hatte, erneut die Gemüter. Es ging um die Frage, wie ein barmherziger und allmächtiger Gott soviel Leid zulassen konnte.

Will Gott Böses verhindern, kann es aber nicht? Dann ist er impotent. Kann er es, aber will es nicht. Dann ist er bösartig.

David Hume (1711 – 1776),
schottischer Philosoph

Zweifler befeuerten die theologischen Auseinandersetzungen: Falls dieser unsichtbare Gott tatsächlich ein omnipotenter Gott war, musste es in seiner Macht stehen, eine derartige Apokalypse zu verhindern. Tat er es nicht, war er nicht omnipotent. Hatte es dann überhaupt noch Sinn, zu jemandem zu beten, der keinen Einfluss hatte? Oder war das offensichtliche Fehlen eines göttlichen Eingriffs gar der Beweis, dass es gar keinen Gott gibt?

Auch nach dem barbarischen Völkermord während des Holocausts stellte man sich diese Frage erneut (»Theologie nach Auschwitz«).

Wieso konnte auch guten Menschen soviel Böses widerfahren? Wurden Sie für ein Vergehen bestraft, dessen sie sich gar nicht bewusst waren? Oder war es eine Prüfung Gottes, wie das heute noch von der mächtigen katholischen Kirche auf den Philippinen nach jedem Taifun behauptet wird? Wären das nicht eher die Prüfungen eines zynischen Gottes? Ist es nicht plausibler, anzunehmen, dass es keinen Gott gibt, dass unser Dasein keinen höheren Sinn hat, außer dem, den wir ihm selbst geben, dass alles vergänglich, unser Leben beschränkt, den Launen der Naturgewalten und jenen der irdischen Machtkämpfe ausgesetzt ist?

In seiner Enzyklika SPE SALVI vom 30. November 2007 schrieb Papst Benedikt XVI.: »Hoffnung ist in der Tat ein Zentralwort des biblischen Glaubens; so sehr, dass die Wörter Glaube und Hoffnung an verschiedenen Stellen als austauschbar erscheinen.« Ist Gott ein anderes Wort für Hoffnung? Oder ist Religion die Summe unserer Wünsche, wie der Psychiater und Begründer der Psychoanalyse Sigmund Freud einmal schrieb?

Voltaire behauptete deshalb: Gebe es Gott nicht, müsste man ihn erfinden.

Ist Religion also Feigheit vor dem Schicksal? Hat Furcht die Götter erschaffen, wie der römische Philosoph Lucretius schrieb? Haben sich unsere Vorfahren bei Blitz und Donner verkrochen, wie das heute unsere Haustiere in der Silvesternacht tun? War Angst die Geburt des Religiösen, der Versuch, diese Naturmächte mit Opfergaben zu besänftigen? Versuchte man einen Feind, den man nicht besiegen konnte, zum Freund zu machen?

In seinem Werk »Zwangshandlungen und Religionsübungen« bezeichnet Sigmund Freud das religiöse Ritual als neurotisches Zeremoniell und die Gläubiger als Opfer eine Massenpsychose. Sie versuchen sich gemeinsam gegen die Unbill des Schicksals zu schützen, durch wahnhafte Umbildung der Wirklichkeit. Den Wahn erkennt natürlich niemals, wer ihn selbst noch teilt.«

Sigmund Freud definierte Religion als infantiles Abwehrverhalten gegen die menschliche Unterlegenheit. Sigmund Freud beschrieb Religion als die Illusion, das triste Dasein mit einer Phantasiewelt, mit einer Wunschwelt, bewältigen zu können. Er beschrieb Religion als Sehnsucht, die begrenzte menschliche Existenz in die Ewigkeit zu verlängern. In einigen Schriften bezeichnet er Religion gar als *psychische Krankheit*. Er sah eine Analogie zwischen religiösen Riten und neurotischen Zwangshandlungen, was sich am krassesten in allen Formen des Aberglaubens manifestiert: »Religiöse Vorstellungen sind Illusionen, Erfüllungen der ältesten, stärksten, dringendsten Wünsche der Menschheit. Das Geheimnis ihrer Stärke ist die Stärke dieser Wünsche. Gott ist die Sehnsucht nach dem allmächtigen Vater, der gleichzeitig geliebt und gefürchtet wird, das ist die Quelle des religiösen Verlangens. Ich sehe hinter dem religiösen Bedürfnis den Wunsch, vor Gefahren geschützt, mit der Härte des Schicksals versöhnt, und für das Leiden entschädigt zu werden. Sigmund Freud nannte Religiosität einen Ausdruck infantiler Hilflosigkeit, und genau deshalb trägt religiöse Erziehung zur Verdummung der Kinder bei.«

Alle Kinder sind von Natur aus Atheisten; sie haben keine Idee von Gott. Diese wird ihnen später verabreicht wie eine Schluckimpfung. Ist Religion also eine Variante des Aberglaubens?

Ist sie eine Störung des Gehirnlappens wie namhafte Neurologen heute behaupten?

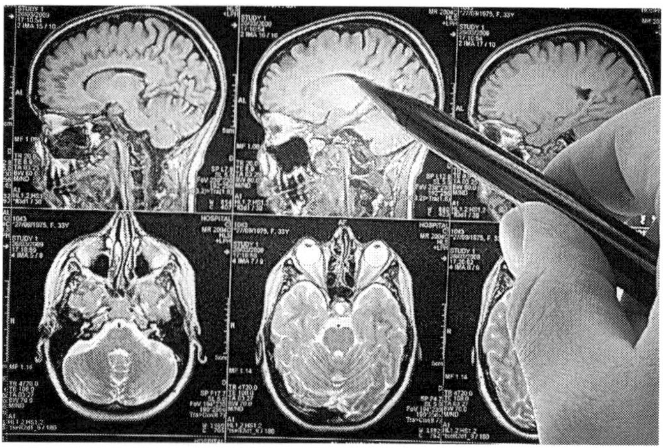

Wieso wurde stets die Sonne als oberste Gottheit verehrt?

Vor etwa 2,5 Millionen Jahren traten die ersten menschenähnlichen Tiere in Erscheinung, vor rund 70.000 Jahren der Homo Sapiens. Eine Gruppe von dreißig Menschen lässt sich leicht einbinden, aber eine Gruppe von Hunderten oder Tausenden Menschen braucht eine gemeinsame Klammer, gemeinsame Symbole und Rituale, eine gemeinsam gelebte Spiritualität.

In meinem Roman »Gehet hin und tötet« beschrieb ich die Geburt der Religiosität wie folgt:

Am Anfang war das Chaos, ein Universum unermesslicher Verwirrung, ohne Form und Inhalt, ein schwarzes Nichts. Ängstlich starrten die Menschen in den Himmel hinauf, der sie mit ungeheuren Naturgewalten in Angst und Schrecken versetzte. Bei Einbruch der Dunkelheit verkrochen sie sich in Felshöhlen, fürchteten Blitz und Donner und sehnten das Ende der Nacht herbei. Und am anderen Morgen ging im Osten die Sonne auf, und es wurde Licht. Die Sonne war auferstanden. Die Sonne war wiedergeboren. Ihre Strahlen spendeten Licht. Und das Licht ließ die Erde ergrünen. (...) So verehrten die Menschen auf allen Kontinenten seit Anbeginn der Zeit dieses göttliche Licht, brachten ihm Opfer dar und schufen ihm gewaltige Monumente. Man versuchte die Sprache der göttlichen Sonne zu ergründen, ihren Kosmos, ihren Sternenhimmel. Es war die Geburt

der astrotheologischen Mysterien, die Geburt der bronzezeitlichen Sonnenkulte, es war die Geburt des Religiösen, die Geburt der Mythologien, der Versuch, die Entstehung der Welt und den Sinn unseres Daseins zu ergründen.

Die Sonne symbolisiert seit frühester Menschheitsgeschichte das Leben auf dem Planeten, weil alles Leben auf unserem Planeten auf die Sonne zurückzuführen ist. Deshalb haben die Menschen stets diese göttliche Kraft verehrt und angebetet und ihr mächtige Monumente geschaffen. Die göttliche Sonne wurde in allen Kulturen verehrt. Die Menschen gaben der Sonne verschiedene Namen. Die Sumerer nannten sie Shamesh, die Ägypter Aton, die Griechen Helios, die Römer Sol, die Babylonier Mithras. Bereits im ägyptischen Aton-Hymnus heißt es: Deine Strahlen umfassen alle Länder, du nimmst Millionen von Verwandlungen an, indem du einer bist. Später ernannten sich sterbliche Menschen eigenmächtig zu Söhnen der Sonne, zu Sonnengöttern, oder wurden von der Nachwelt zu solchen ernannt. Noch bis ins fünfte Jahrhundert knieten Christen vor der Peterskirche in Rom, um »in Verneigung und Gebet der Sonne zu huldigen.« Bis es Papst Leo X. verbot. So steht es in einer christlichen Enzyklopädie. Von Papst Leo X. stammt auch das Zitat: »Es ist schon erstaunlich, wie viel die Fabel von Christus uns und den unsrigen genutzt hat.«

Wie ist es möglich, dass diese Fabeln auch noch im 21. Jahrhundert den Alltag von Milliarden Menschen bestimmen? Wieso konnte das Christentum, ähnlich wie Islam und Judentum, überleben, obwohl Religionen allen Naturwissenschaften widersprechen? Wieso suchen wir in jahrtausendalten Büchern nach Antworten auf die Sinnfrage? Es sind Schriften, die von abergläubischen alten Männern geschrieben und hundertfach umgeschrieben wurden, zugunsten von Männern. Von Männern, die nicht einmal die Allgemeinbildung heutiger Schulabgänger hatten. Kann dieses alttestamentarische Wissen Fragen des 21. Jahrhunderts beantworten? Würden wir uns von einem Chirurgen behandeln lassen, der sein Wissen von ägyptischen Hieroglyphentafeln bezieht? Nein, selbst die wahhabistischen Scheichs aus Saudi-Arabien, die ihr Rechtssystem auf der jahrhundertalten Scharia begründen, fliegen ins dekadente Land der Ungläubigen, um in den Genuss modernster medizinischer Behandlungenmethoden zu gelangen. In der muslimischen Welt ist Religion ein Mittel der Unterdrückung. Sie unterdrückt nicht nur Frauen und ethnische Minderheiten, sie unterdrückt auch das eigenständige Denken, sie verunmöglicht Wissenschaft und Fortschritt, denn das Prinzip der Wissenschaft ist ja gerade das ständige Hinterfragen angeblich gesicherter Erkenntnisse, frei von Ideologien und Religionen. Erst nach der französischen Revolution und dem Sturz von Adel und Klerus war der Weg frei für den zivilisatorischen

Fortschritt der christlich geprägten Welt. Die islamische Welt hat diese innerreligiösen Zerreißproben noch vor sich. Es kommt nicht von ungefähr, dass das Wort «Muslim« in der wörtlichen Übersetzung »der sich Unterwerfende« bedeutet.

Religion war stets ein Instrument zur Domestizierung des Volkes. Napoleon Bonaparte schrieb:

»Religion ist das, was die Armen davon abhält, die Reichen umzubringen.«

Aber wieso konnte sich das Christentum gegen die Sonnenkulte der Antike durchsetzen und bis heute überleben? Ich zitiere erneut aus meinem Roman »Gehet hin und tötet / Der Bankier Gottes«:

Die Erfolgsgeschichte des Christentums liegt darin begründet, dass die uralten mythologischen

Weisheiten und Symbole simplifiziert und für eine breite ungebildete Masse verständlich gemacht wurden. Doch indem jede mythische Aussage konkretisiert wurde, hat man gleichzeitig jeden spirituellen Funken erstickt. Es war eine Form der Infantilisierung, und der Gipfel war die Personifizierung des »kosmischen Geistes« in der Gestalt eines real existierenden Menschen. Aus alten Mythen wurden »historische Wahrheiten«, die von Herrschern instrumentalisiert und von Religionsführern kommerzialisiert wurden. Das ist das Fundament der meisten heute existierenden Religionen. Das Christentum ist eine Kopie des wesentlich älteren Mithras-Kultes, die Figur Jesus ist ein Plagiat.

Jesus hat keinen einzigen Satz hinterlassen, während seine schreibenden Zeitgenossen ganze Bi-

bliotheken füllen. Jesus ist eine literarische Figur wie Hamlet oder Odysseus. Das erste Evangelium entstand ein halbes Jahrhundert nach seinem Tod, verfasst von Schriftstellern, die Jesus nie gekannt haben. Die Bibel ist ein Sammelsurium von Überlieferungen, volkstümlichen Sagen und Legenden. Zur Zeit Jesu waren die Menschen süchtig nach Heilverkündern, Wahrsagern, Propheten aller Art, sodass sie selbst den einfachsten Wanderprediger für die Inkarnation des Sonnengottes hielten. Die Evangelien sind deshalb nichts anderes als hundertfach umgeschriebene Interpretationen von Quellen, die sich eine neue Kirche für ihre Zwecke zunutze machen wollte. Es ist die Instrumentalisierung der göttlichen Sonne, um sich die Völker untertan zu machen. Die Lehre Christi ist nicht die Lehre von Christus, sondern die Lehre einer Kirche über das Fabelwesen Christus. Christus ist nicht Urheber, sondern Gegenstand des Kirchenglaubens.

In den frühen Mythologien der verschiedensten Kulturen finden wir gleichnishafte Geschichten, die bereits alles enthalten, was Jahrhunderte später im Christentum und anderen »jungen« Religionen wieder auftauchen sollte. Die frühen Weisheitslehren erzählen von einem nicht näher definierten »kosmischen Geist« im Universum. Da alles Leben auf die Sonne zurückzuführen ist, war die Sonne stets das natürliche Symbol für diesen »kosmischen Geist«. Noch bis ins 5. Jahrhundert

n. Chr. beteten Christen kniend vor der göttlichen Sonne (bis es Papst Leo der Große endgültig verbot), noch bis ins 6. Jahrhundert hieß es im christlichen Gebet: »Unser Herr, die Sonne«.

Das Christentum hat nichts Einmaliges. Nebst Mithras gibt es die Erlösergestalten Osiris, Horus, Krishna, Bacchus, Orpheus, Hermes, Baldur, Adonis, Herkules, Attis und Thor, die allesamt verblüffend ähnliche Geschichten erzählen, von der jungfräulichen Geburt bis zur Opferung zum Wohle der Menschheit. Die Kreuzigung des Sonnengottes wurde bereits im 4. Jahrhundert v. Chr. dargestellt – mit der Figur Orpheus. Die Fleischwerdung des Göttlichen im Menschen ist ein zentraler Punkt der meisten Religionen: In jedem Menschen und in jedem Lebewesen schlummert der göttliche Funke. Das »Göttliche« braucht keine Kirche.

Aber die Kirchen brauchen Gläubige.

Religion ist die größte Betrugsgeschichte der Menschheit.

»Godless Sun«, Roman 2016

Claude Cueni, Sommer 2016

Ε

Θ Ο

Α Σ

Zitate

Xenophanes aus Kolophon

(ca. 570 – 470 v. Chr.)

»Die Äthiopier behaupten, ihre Götter seien stumpfnasig und schwarz, die Thraker, blauäugig und blond.«

Xenophanes von Kolophon war ein antiker griechischer Philosoph und Dichter. Er wird zu den Vorsokratikern gezählt. Er gilt als erster antiker Religionskritiker und behauptete, die Menschen würden Gott nach ihrem Ebenbild erschaffen (und nicht umgekehrt). Er meinte sinngemäss: Hätten Esel einen Gott, hätte ihr Gott den Kopf eines Esel. Seine Erkenntnisse sammelte er auf seinen Reisen in fremde Kulturräume. Der ganze Abschnitt lautet so: »Stumpfnasig, schwarz: so seh'n Äthiopiens Menschen die Götter, blauäugig aber und blond: so seh'n ihre Götter die Thraker, aber die Rinder und Rosse und Löwen, hätten sie Hände, Hände wie Menschen, zum Zeichnen, zum Malen, ein Bildwerk zu formen, dann würden Rosse die Götter gleich Rossen, die Rinder gleich Rindern, malen, und deren Gestalten, die Formen der göttlichen Körper, nach ihrem Bilde erschaffen: ein jedes nach seinem.«

Buddha

(560-480 v. Chr.)

»Glaube nichts auf bloßes Hörensagen hin; glaube nicht an Überlieferungen, weil sie alt sind.«

»Glaubt nicht bedingungslos den alten Manuskripten, glaubt überhaupt nicht an etwas, nur weil die Leute daran glauben — oder weil man es Euch seit Eurer Kindheit hat glauben lassen.«

Buddha, indischer Religionsstifter Siddhartha Gautama, auch „Buddha“ genannt, dessen Lehre die Weltreligion des Buddhismus begründet.

Parmenides aus Elea

(um 540 - 480 v. Chr.)

»Die Sonne gebar den Menschen.«

Parmenides aus Elea war einer der bedeutendsten griechischen Philosophen. Er wird zu den Vorsokratikern gezählt und lebte in Elea, einer von Griechen gegründeten Stadt in Süditalien. Mit diesem Satz macht er deutlich, dass die Sonne der Ursprung allen Lebens ist und nicht ein Gott.

Epikur von Samos

(ca. 341 - 271 v. Chr.)

»Mach dir deine eigenen Götter, und unterlasse es, dich mit einer schnöden Religion zu beflecken.«

Epikur war ein griechischer Philosoph und Begründer des Epikureismus. Er vertrat die Meinung, wonach Gott entweder nicht allmächtig oder nicht wohlwollend sei, da sonst die Übel in der Welt nicht bestehen könnten.

Lucretius

(ca. 98–55 v. Chr.)

»Furcht hat die Götter geschaffen.«

»Alle Religionen erscheinen den Ignoranten göttlich, den Politikern nützlich und den Philosophen lächerlich.«

Lukrez, eigentlich Titus Lucretius Carus, war ein römischer Dichter und Philosoph in der Tradition des Epikureismus. Er führte in seinem Werk »Ueber die Natur der Welt« 28 »Beweise« für die Nichtexistenz der Götter auf. Er vertrat die Meinung, dass die Furcht vor Göttern nur durch die lebendige Kraft des Geistes bezwungen werden könne.

OVIDIVS

Ovid

(43 - 18 v. Chr.)

»Nec tempora perde precando! — Verliere keine Zeit durch Beten!«

Publius Ovidius Naso, kurz Ovid genannt, war ein antiker Versdichter. Er zählt in der römischen Literaturgeschichte, neben Horaz und Vergil, zum Kanon der drei großen Poeten der klassischen Epoche.

Lucius Annaeus Seneca

(1 – 65 n.Chr.)

»Der gemeine Mann betrachtet die Religion als richtig, der Weise als falsch und der Politiker als nützlich.«

Lucius Annaeus Seneca, genannt Seneca der Jüngere, war ein römischer Philosoph, Dramatiker, Naturforscher, Politiker und als Stoiker einer der meistgelesenen Schriftsteller seiner Zeit

Plutarch

(ca. 45 n.Chr. - 125 n.Chr.)

»Der Atheist glaubt, der Abergläubische wünscht, dass es keine Götter gibt.«

Plutarch war ein griechischer Schriftsteller. Er verfasste zahlreiche biographische und philosophische Schriften, die seine umfassende Bildung und Gelehrsamkeit zeigen.

Abu'l-Ala-Al-Ma'arri

(973 – 1057)

»In dieser Welt gibt es nur zwei Sorten Menschen — intelligente Menschen ohne Religion und religiöse Menschen ohne Intelligenz.«

»Religion ist eine von den Vorvätern ersonnene Fabel ohne Wert, außer für Ausbeuter leichtgläubiger Massen.«

»Haltet die Behauptungen der Propheten nicht für wahr; es sind allesamt Erfindungen. Den Menschen ging es gut, bis sie kamen und das Leben verpfuschten. Die heiligen Bücher sind nur Sammlungen nutzloser Geschichten, wie sie alle Zeiten hervorbringen konnten und auch hervorgebracht haben.«

Al-Ma'arri war ein arabischer Dichter und Schriftsteller. Er prangerte Aberglauben und religiösen Dogmatismus an. Er wies den Wahrheitsanspruch des Islams wie auch anderer Religionen zurück. Er lebte im 10. Jahrhundert, als im spanischen Cordoba, eine der größten Städte der damaligen Welt, das Kalifat errichtet wurde und Christen, Juden und Muslime friedlich miteinander lebten. Muslimische Gelehrte waren führend in Medizin, Mathematik und anderen Wissenschaften. Als die Gewürzinseln dank Magellans spektakulärer Weltumsegelung auch über die Westroute (Südamerika) erreicht werden konnte, brach die Seidenstrasse zusammen und leitete den wirtschaftlichen Untergang des Islams ein, der eine Radikalisierung mit sich brachte, die bis heute andauert.

Ferdinand Magellan

(1480 - 1521)

»Die Kirche sagt: Die Erde ist eine Scheibe. Ich aber weiss, dass sie rund ist, da ich ihren Schatten auf dem Mond gesehen habe; und ich habe mehr Vertrauen in einen Schatten als in die Kirche.«

Ferdinand Magellan war ein portugiesischer Seefahrer, der im Auftrag des spanischen Königs die Gewürzinseln über die Ostroute suchte. Ihm gelang die erste Weltumsegelung. Er entdeckte die Passage zum Pacific und die philippinische Insel Cebu, wo er vom heutigen Nationalhelden Lapu-Lapu getötet wurde. Die Geschichte seiner Reise ist vor allem durch die Aufzeichnungen des Teilnehmers Antonio Pigafetta bekannt geworden. Ich habe sie in meinem historischen Roman »Pacific Avenue« dramatisiert.

Michel de Montaigne

(1533-1592)

»Der Mensch ist zweifellos verrückt. Er kann keinen Wurm machen, aber Götter macht er dutzendweise.«

Michel Eyquem de Montaigne war Jurist, Politiker, Philosoph und Begründer der Essayistik

Galileo Galilei

(1564-1642)

»Ich fühle mich nicht zu dem Glauben verpflichtet, dass derselbe Gott, der uns mit Sinnen, Vernunft und Verstand ausgestattet hat, von uns verlangt, dieselben nicht zu benutzen.«

Galileo Galilei war ein italienischer Philosoph, Mathematiker, Physiker und Astronom, der wesentlich die auf Experimenten, Messungen und mathematischer Analyse beruhende Methode der exakten Naturwissenschaften begründete und bahnbrechende Entdeckungen machte. Die Kirche machte ihm den Prozess. Beim Verlassen des Gerichtssaals soll er gesagt haben: „Eppur si muove“ (und sie die Erde bewegt sich doch). Der Satz ist historisch nicht belegt, war aber schon zu seinen Lebzeiten bekannt. 1992 wurde er vom Papst formal rehabilitiert.

Baruch de Spinoza

(1632 – 1677)

«Das Ziel der Philosophie ist einzig und allein die Wahrheit, das Ziel des Glaubens einzig und allein Gehorsam und Frömmigkeit.»

Baruch de Spinoza war ein niederländischer Philosoph und Sohn portugiesischer Immigranten sephardischer Herkunft.

Voltaire

(1694 - 1778)

»Gebe es Gott nicht, müsste man ihn erfinden.«

Voltaire war ein französischer Philosoph und Schriftsteller. Er ist einer der meistgelesenen und einflussreichsten Autoren der französischen und europäischen Aufklärung. In Frankreich nennt man das 18. Jahrhundert auch das Jahrhundert Voltaires.

David Hume

(1711 - 1776)

»Will Gott Böses verhindern, kann es aber nicht? Dann ist er impotent. Kann er es, aber will es nicht. Dann ist er bösartig.«

David Hume war ein schottischer Philosoph, Ökonom und Historiker. Er war einer der bedeutendsten Vertreter der schottischen Aufklärung.

Friedrich der Große, König von Preußen

(1712-1786)

»Geht man allen Religionen auf den Grund, so beruhen sie auf einem mehr oder minder widersinnigen System von Fabeln. Es ist unmöglich, dass ein Mensch von gesundem Verstand, der diese Dinge kritisch untersucht, nicht ihre Verkehrtheit erkennt.«

Friedrich II., auch Friedrich der Große oder der Alte Fritz genannt, war ab 1740 König in und ab 1772 König von Preußen sowie Kurfürst von Brandenburg. Er entstammte dem Fürstenhaus Hohenzollern.

Denis Diderot

(5. Oktober 1713 – 31. Juli 1784)

»Ich habe mich in einem riesigen Wald verirrt und habe nur ein kleines Licht, um mich zurechtzufinden. Da kommt ein Unbekannter hinzu und sagt mir: 'Lieber Freund, blas deine Kerze aus, um deinen Weg besser zu finden.' Dieser Unbekannte ist ein Theologe.«

»Wenn man mir sagt, es gebe Dinge, die über unsere Vernunft hinausgehen, so kann mich das nicht veranlassen, Unsinn zu glauben.«

»Der Mensch wird erst dann frei sein, wenn der letzte König mit den Gedärmen des letzten Priesters erdrosselt wird.«

Denis Diderot war ein französischer Schriftsteller, Philosoph, Aufklärer, Kunstagent für die russische Zarin Katharina II. und (zusammen mit Jean-Baptiste le Rond d'Alembert) Herausgeber der ersten großen Enzyklopädie. Als Autor schrieb er etwa 6000 der insgesamt 72.000 Beiträge.

Immanuel Kant

(1724-1804)

»Verbindet man Religion nicht mit Moralität, so wird Religion nur zur Gunstbewerbung.«

Immanuel Kant war ein deutscher Philosoph der Aufklärung. Kant zählt zu den bedeutendsten Vertretern der abendländischen Philosophie.

John Adams

(1735-1826)

»Die beste aller möglichen Welten ist eine Welt ohne Religion.«

John Adams war einer der Gründerväter der Vereinigten Staaten und von 1789 bis 1797 der erste Vizepräsident sowie nach George Washington von 1797 bis 1801 der zweite Präsident Amerikas.

Georg Christoph Lichtenberg

(1742-1799)

»Was hilft alle Aufklärung,
alles Licht, wenn die Leute
entweder keine Augen haben
oder die, die sie haben,
vorsätzlich verschließen.«

Georg Christoph Lichtenberg war ein Mathematiker und der erste deutsche Professor für Experimentalphysik im Zeitalter der Aufklärung. Lichtenberg gilt als Begründer des deutschsprachigen Aphorismus.

Thomas Jefferson

(1743 – 1826)

»Die Priester der verschiedenen religiösen Sekten (...) fürchten den Fortschritt der Wissenschaft wie die Hexen den Anbruch des Tages und blicken finster auf den tödlichen Boten, welcher die Zerstörung der Bauernfängerei ankündigt, von der sie leben.«

Thomas Jefferson war einer der Gründerväter der Vereinigten Staaten, von 1801 bis 1809 der dritte amerikanische Präsident und der hauptsächliche Verfasser der Unabhängigkeitserklärung sowie einer der einflussreichsten Staatstheoretiker der USA.

Johann Wolfgang von Goethe

(1749-1832)

»Der Glaube ist nicht der Anfang, sondern das Ende allen Wissens.«

Johann Wolfgang von Goethe gilt als einer der bedeutendsten Repräsentanten deutschsprachiger Dichtung.

Joseph Joubert

(1754-1824)

»Religion ist die einzige Philosophie, die das Durchschnittshirn verstehen und annehmen kann.«

Joseph Joubert war ein französischer Moralist und Essayist.

Napoleon Bonaparte

(1769 -1821)

»Religion ist das, was die Armen davon abhält, die Reichen umzubringen.«

Napoleon Bonaparte, als Kaiser Napoleon I. war ein französischer General, revolutionärer Diktator und Kaiser. Aus korsischer Familie stammend, stieg Bonaparte während der Französischen Revolution in der Armee auf.

Arthur Schopenhauer

(1788 – 1860)

»Wenn die Welt erst ehrlich genug sein wird, um Kindern vor dem 15. Jahre keinen Religionsunterricht zu erteilen, dann wird etwas von ihr zu hoffen sein.«

»Die Religion ist eine Krücke für schlechte Staatsverfassungen.«

»Religion ist die Metaphysik des Volkes.«

»Glauben und Wissen verhalten sich wie zwei Schalen einer Waage: in dem Maße, als die eine steigt, sinkt die andere.«

Arthur Schopenhauer war ein deutscher Philosoph, Autor und Hochschullehrer. Schopenhauer entwarf eine Lehre, die gleichermaßen Erkenntnistheorie, Metaphysik, Ästhetik und Ethik umfasst.

Ralph Waldo Emerson

(1803 – 1882)

»Die Religion des einen Zeitalters ist die literarische Unterhaltung des nächsten.«

Ralph Waldo Emerson war ein US-amerikanischer Philosoph, Schriftsteller und Führer der Transzendentalisten in Neuengland.

Ludwig Feuerbach

(1804 – 1872)

»Der Mensch schuf Gott nach seinem Bilde. Gott ist der Spiegel des Menschen.«

»Der Religion ist nur das Heilige wahr, der Philosophie nur das Wahre heilig.«

»Der Ursprung, ja das eigentliche Wesen der Religion ist der Wunsch. Hätte der Mensch keine Wünsche, so hätte er auch keine Götter.«

Ludwig Andreas Feuerbach war ein deutscher Philosoph und Anthropologe.

Edgar Allan Poe

(1809-1849)

»Alle Religion hat sich nur aus Furcht, Gier und Poesie gebildet.«

Edgar Allan Poe war ein US-amerikanischer Schriftsteller. Er prägte entscheidend die Genres der Kriminalliteratur, der Science-Fiction und der Horrorliteratur.

Karl Marx

(1818 – 1883)

»Religion ist die Unfähigkeit des menschlichen Verstandes, Ereignissen ins Gesicht zu sehen, die er nicht versteht.«

»Die Religion ist der Seufzer der bedrängten Kreatur (...) Sie ist das Opium des Volkes.«

»Der Mensch macht die Religion, die Religion macht nicht den Menschen.«

Karl Marx war ein deutscher Philosoph, Ökonom, Gesellschaftstheoretiker, politischer Journalist, Protagonist der Arbeiterbewegung sowie Kritiker der bürgerlichen Gesellschaft und der Religion.

Charles Baudelaire

(1821 – 1867)

»Gott ist das einzige Wesen, das, um zu herrschen, noch nicht einmal existieren muss.«

Charles-Pierre Baudelaire war ein französischer Schriftsteller. Er gilt heute als einer der bedeutendsten französischen Lyriker und als wichtiger Wegbereiter der literarischen Moderne in Europa.

Wilhelm Busch

(1832 – 1882)

»Wer in Glaubensfragen den Verstand befragt, kriegt unchristliche Antworten.«

Heinrich Christian Wilhelm Busch war einer der einflussreichsten humoristischen Dichter und Zeichner Deutschlands. Seine erste Bildergeschichte als Tafel erschien 1859 und als ein Buch Bilderpossen 1864.

Mark Twain

(1835 – 1903)

»Glauben heisst auf etwas zu vertrauen, von dem du weisst, dass es nicht existiert.«

Samuel Langhorne Clemens – besser bekannt unter seinem Pseudonym Mark Twain – war ein US-amerikanischer Schriftsteller. Mark Twain ist vor allem als Autor von Tom Sawyer und Huckleberry Finn bekannt.

John Burroughs

(1837-1921)

»Die Wissenschaft hat in einhundert Jahren mehr für ein zivilisiertes Leben getan als das Christentum in achtzehnhundert Jahren.«

John Burroughs war ein US-amerikanischer Naturforscher.

Friedrich Nietzsche

(1844 – 1900)

»Angewöhnung geistiger Grundsätze ohne Gründe nennt man Glauben.«

»Ist der Mensch nur ein Fehlgriff Gottes? Oder Gott nur ein Fehlgriff der Menschen? (...) Gott ist tot! Gott bleibt tot!«

»Gott ist eine faustgrobe Antwort, eine Undelikatesse gegen uns Denker —, im Grunde sogar bloß ein faustgrobes Verbot an uns: Ihr sollt nicht denken!«

»Zum Christentum wird man nicht geboren, man muss dazu nur krank genug sein.«

»Jesus ist das Gegenstück eines Genies: Er ist ein Idiot.«

Friedrich Wilhelm Nietzsche war ein deutscher klassischer Philologe. Erst postum machten ihn seine Schriften als Philosophen weltberühmt. Er schuf auch Dichtungen und musikalische Kompositionen.

Oscar Wilde

(1854 – 1900)

»Die Moral ist immer die letzte Zuflucht der Leute, welche die Schönheit nicht begreifen.«

Oscar Fingal O'Flahertie Wills Wilde war ein irischer Schriftsteller.

George Bernard Shaw

(1856 – 1950)

»Jeder vernünftige Verstand beginnt mit einem lebensbejahenden Atheismus. Er befreit die Seele von Aberglauben, Schrecken, Duckmäusertum, gemeiner Willfährigkeit und Heuchelei und schafft Raum für das Licht des Himmels.«

George Bernard Shaw war ein irischer Dramatiker, Politiker, Satiriker, Musikkritiker und Pazifist, der 1925 den Nobelpreis für Literatur und 1939 den Oscar für das beste adaptierte Drehbuch erhielt.

Sigmund Freud

(1856 – 1939)

»Eine besondere Bedeutung beansprucht der Fall, dass eine größere Anzahl von Menschen gemeinsam den Versuch unternimmt, sich Glückversicherung und Leidensschutz durch wahnhafte Umbildung der Wirklichkeit zu schaffen. Als solchen Massenwahn müssen wir auch die Religionen der Menschheit kennzeichnen. Den Wahn erkennt natürlich niemals, wer ihn selbst noch teilt.«

»Wir sollen glauben, weil

unsere Urväter geglaubt haben. Aber diese unsere Ahnen waren weit unwissender als wir, sie haben an Dinge geglaubt, die wir heute unmöglich annehmen können. Die Möglichkeit regt sich, dass auch die religiösen Lehren von solcher Art sein könnten.«

»Die Religiosität führt sich biologisch auf die langanhaltende Hilflosigkeit und Hilfsbedürftigkeit des kleinen Menschenkindes zurück, welches, wenn es später seine wirkliche Verlassenheit und Schwäche gegen die großen Mächte des Lebens erkannt hat, seine Lage ähnlich wie in der Kindheit empfindet und deren Trostlosigkeit durch die regressive Erneuerung der infantilen Schutzmächte zu verleugnen versucht.«

»Religion ist der Versuch, die Sinnenwelt, in der wir gestellt sind, mittels der Wunschwelt zu bewältigen [...] Aber sie kann es nicht leisten. Ihre Lehren tragen das Gepräge der Zeiten, in denen sie entstanden sind, der unwissenden Kinderzeiten der Menschheit.«

Sigmund Freud war ein österreichischer Neurologe, Tiefenpsychologe, Kulturtheoretiker und Religionskritiker. Er wurde weltweit als Begründer der Psychoanalyse bekannt. Freud gilt als einer der einflussreichsten Denker des 20. Jahrhunderts.

Bertrand Russell

(1872-1970)

»Ich betrachte die Religion als Krankheit, als Quelle unnennbaren Elends für die menschliche Rasse.«

»Die Religion stützt sich vor allem und hauptsächlich auf die Angst.«

»Intellektuell hervorragende Menschen glauben in ihrer großen Mehrheit nicht an die christliche Religion, aber in der Öffentlichkeit halten sie diese Tatsache geheim, weil sie Angst haben, ihr Einkommen zu verlieren.«

Bertrand Arthur William Russell, 3. Earl Russell war ein britischer Philosoph, Mathematiker und Logiker.

Karl Kraus

(1874 - 1936)

»Ein Blitzableiter auf einem Kirchenturm ist das denkbar stärkste Misstrauensvotum gegen den lieben Gott.«

Karl Kraus war einer der bedeutendsten österreichischen Schriftsteller des beginnenden 20. Jahrhunderts.

Sorry, wir konnten keine Fotographie finden.

Rudolf von Delius

(1878 – 1946)

»Religion ist Feigheit vor dem Schicksal.«

Rudolf von Delius war ein deutscher Schriftsteller und Philosoph

Albert Einstein

(1879 - 1955)

»Das Wort Gott ist für mich nichts als Ausdruck und Produkt menschlicher Schwächen, die Bibel eine Sammlung ehrwürdiger, aber doch recht primitiver Legenden.«

»Einen Gott, der die Objekte seines Schaffens belohnt und bestraft, der überhaupt einen Willen hat nach Art desjenigen, den wir an uns selbst erleben, kann ich mir nicht einbilden. Auch ein Individuum, das seinen körperlichen Tod überdauert, mag und kann ich mir nicht einbilden.«

Albert Einstein war ein theoretischer Physiker. Seine Forschungen zur Struktur von Materie, Raum und Zeit sowie dem Wesen der Gravitation veränderten maßgeblich das physikalische Weltbild. Nobelpreisträger Albert Einstein diente gläubigen Christen jahrzehntelang als Beweis, dass selbst die intelligentesten Menschen der Welt an einen Gott glauben. Doch 1954, ein Jahr vor seinem Tod, schrieb Einstein in einem Brief an den Philosophen Erich Gutkind: "Das Wort Gott ist für mich nichts als Ausdruck und Produkt menschlicher Schwächen, die Bibel eine Sammlung ehrwürdiger aber doch reichlich primitiver Legenden«, Religion sei eine »Inkarnation primitiven Aberglaubens.« Sein Bekenntnis zum Atheismus wurde 2008 bei Bloomsbury für 207.600 Pfund versteigert und am 18. Oktober 2012 für 3 Millionen und hundert Dollar weiterverkauft.

Claire Goll

(1891 – 1977)

»Gott ist die aufs Lächerlichste vermenschlichte Erfindung der ganzen Menschheit. In den Jahrmilliarden, die unsere Erde alt ist, sollte sich Gott erst vor 4000 Jahren den Juden und vor knapp 2000 Jahren den Christen offenbart haben, mit deutlicher Bevorzugung der weißen Rasse unter Vernachlässigung der Schwarzen, der Gelben und der Rothäute? Auf solche Märchen kann ich mühelos verzichten.«

Claire Goll war eine deutsch-französische Schriftstellerin und Journalistin und die Ehefrau des Dichters Yvan Goll.

Sir Julian Huxley

(1887-1975)

»Gott ist eine vom Menschen erdachte Hypothese bei dem Versuch, mit dem Problem der Existenz fertigzuwerden.«

Sir Julian Sorell Huxley war ein britischer Biologe, Philosoph und Schriftsteller.

Mahatma Ghandi

(1896-1948)

»Der Glaube ist eine sechste Art von Sinn, der wirksam wird, wenn die Vernunft versagt.«

Mohandas Karamchand Gandhi war ein indischer Rechtsanwalt, Widerstandskämpfer, Revolutionär, Publizist, Morallehrer, Asket und Pazifist.

Ludwig Marcuse

(1894-1971)

»Denken ist eine Anstrengung, Glauben ein Komfort.«

Ludwig Marcuse war ein deutscher Philosoph und Schriftsteller mit amerikanischer Staatsbürgerschaft.

Ernest Hemingway

(1899 – 1961)

»Ein denkender Mann ist Atheist«

Ernest Miller Hemingway war einer der erfolgreichsten und bekanntesten US-amerikanischen Schriftsteller des 20. Jahrhunderts.

Erich Fromm

(1900 – 1980)

»Glaube ist eine Krücke für jene, die Gewissheit wünschen, die einen Sinn im Leben finden wollen, ohne den Mut zu haben, diesen eigenständig zu suchen.«

Erich Fromm war ein deutsch-amerikanischer Psychoanalytiker, Philosoph und Sozialpsychologe.

Konrad Lorenz

(1903 – 1989)

»Den baren Unsinn zu glauben, ist ein Privileg des Menschen.«

Konrad Zacharias Lorenz war ein österreichischer Zoologe, Medizin-Nobelpreisträger und einer der Hauptvertreter der klassischen vergleichenden Verhaltensforschung.

Jean Paul Sartre

(1905 – 1980)

»Auch Götter sterben, wenn niemand mehr an sie glaubt.«

Jean-Paul Charles Aymard Sartre war ein französischer Romancier, Dramatiker, Philosoph und Publizist. Er gilt als Vordenker und Hauptvertreter des Existentialismus und als Paradefigur der französischen Intellektuellen des 20. Jahrhunderts.

Arthur Miller

(1915 – 2005)

»80% der Amerikaner glauben, dass sie in den Himmel kommen. Aber die meisten von ihnen glauben ebenso, dass sie dort niemanden treffen werden, den sie kennen. Sie sehen, Religion hat in den Vereinigten Staaten die geistige Tiefe eines Comicstrips.«

Arthur Asher Miller war ein amerikanischer Schriftsteller.

Arthur C. Clarke

(1917 – 2008)

»Religionen sind eine Ausgeburt der Angst. Sie sind die Antwort auf eine unverständliche und grausame Welt.«

Sir Arthur Charles Clarke, CBE, FRAS, Sri Lankabhimanya, war ein britischer Physiker und Science-Fiction-Autor.

Friedrich Dürrenmatt

(1921-1990)

»Die Zeit der Khomeinis ist angebrochen, es ist höchste Zeit, sich wieder zum Atheismus zu bekennen.«

Friedrich Dürrenmatt war ein Schweizer Schriftsteller, Dramatiker und Maler.

Rudolf Augstein

(1923 – 2002)

»Kinder werden zur Taufe
gebracht wie zur
Schluckimpfung.«

Rudolf Augstein war ein deutscher Journalist, Verleger, Publizist und der Gründer des Nachrichtenmagazins Der Spiegel, dessen Herausgeber er bis zu seinem Tode blieb.

Karlheinz Deschner

(1924 – 2014)

»Religionen sind Fertighäuser für arme Seelen.«

»Hat eigentlich die Skepsis auf die Schlachtfelder geführt oder der Glaube?«

Karlheinz Deschner war ein deutscher Schriftsteller, der vor allem durch seine religions- und kirchenkritischen Werke bekannt wurde.

Papst Benedikt XVI.

(*1927)

»Der christliche Gläubige ist eine einfache Person. Aufgabe der Bischöfe ist es deshalb, den Glauben dieser kleinen Leute vor dem Einfluss der Intellektuellen zu bewahren.«

Benedikt XVI. (Joseph Ratzinger) ist emeritierter Papst und war vom 19. April 2005 bis zu seinem Amtsverzicht am 28. Februar 2013 Oberhaupt der römisch-katholischen Kirche und des Staates der Vatikanstadt. Er war der erste deutsche Papst seit Hadrian VI. (1523). Das genannte Zitat ist einer Predigt entnommen, die er am 31. Dezember 1979 als Kardinal Ratzinger anlässlich des Entzugs der Missio canonica für Hans Küng, hielt. Zitiert nach John L. Allen (»Joseph Ratzinger«, Düsseldorf 2002).

Robert M. Pirsig

(*1928)

»Leidet ein Mensch an einer Wahnvorstellung, nennt man es Geisteskrankheit. Leiden viele Menschen an einer Wahnvorstellung, dann nennt man es Religion.«

Robert Maynard Pirsig ist ein amerikanischer Autor. Sein erstes Werk »Zen und die Kunst ein Motorrad zu warten« wurde zum internationalen Bestseller, nachdem es zuvor von 121 Verlagen abgelehnt worden war.

Philip K. Dick

(1928-1982)

»Die Realität ist das, was übrig bleibt, wenn man aufhört zu glauben.«

Philip Kindred Dick, Pseudonyme: Jack Dowland und Richard Phillips, war ein amerikanischer Science-Fiction-Autor. Weltweit berühmt wurde er vor allem durch die Verfilmung einzelner Werke: »Blade Runner« (nach seinem Roman »Do Androids Dream of Electric Sheep« / »Träumen Roboter von elektrischen Schafen«) oder »Minority Report«.

Adolf Holl

(1930*)

»Je religiöser ein Mensch, desto mehr glaubt er; je mehr er glaubt, desto weniger denkt er, je weniger er denkt, desto dümmer ist er; je dümmer er ist, desto leichter kann er beherrscht werden. Das gilt für Sektenmitglieder ebenso wie für die Anhänger der großen Weltreligionen mit gewalttätig intolerantem »Wahrheits«-Anspruch. Dagegen hilft auf Dauer nur Aufklärung.«

Adolf Holl ist ein von der katholische Kirche suspendierter Priester, Theologe, Publizist und Religionssoziologe.

Woody Allen

(1935*)

»Wenn Gott mir bloß ein klares Zeichen geben könnte! Indem er zum Beispiel einen größeren Betrag auf meine Schweizer Bank überweisen würde.«

»Sie glaubt an Gott, aber sie glaubt auch, dass das Radio wegen den winzigen Leuten darin funktioniert.«

Woody Allen ist ein amerikanischer Komiker, Filmregisseur, Autor, Schauspieler und Musiker.

Fatima Mernissi

(1940 – 2015)

»Das Problem aller Religionen, ob Christentum, Judaismus oder Islam: Heilige Bücher sind stets manipuliert worden, interpretiert nach den Interessen der religiösen Machthaber.«

Fatima Mernissi war eine marokkanische Soziologin und feministische Buchautorin.

Richard Dawkins

(*1941)

»Wir sind Wesen der Physik, gemacht aus Molekülen. Daher sind auch unsere Gedanken und Verhaltensweisen das Resultat von Molekularbewegungen.«

»Ich bin ein Gegner der Religion. Sie lehrt uns, damit zufrieden zu sein, dass wir die Welt nicht verstehen.«

Clinton Richard Dawkins ist ein britischer Zoologe und Evolutionsbiologe. Mit seinem Standardwerk „Der Gotteswahn" gelang ihm ein Weltbestseller.

Stephen Hawking

(*1942)

»Die Religion ist ein Märchen für diejenigen, die sich vor der Dunkelheit fürchten.«

»Religion beruht auf Autorität, Wissenschaft auf Beobachtung und Vernunft.«

»Weil es die Gesetze der Schwerkraft gibt, hat sich das Universum aus dem Nichts selbst geschaffen.«

Stephen Hawking, ist ein britischer theoretischer Physiker und Astrophysiker. Von 1979 bis 2009 war er Inhaber des renommierten Lucasischen Lehrstuhls für Mathematik an der Universität Cambridge. Stephen Hawking lieferte bedeutende Arbeiten zur Kosmologie, Allgemeinen Relativitätstheorie und der Physik der Schwarzen Löcher. Seine populärwissenschaftlichen Bücher über moderne Physik wurden internationale Bestseller.

Lemmy Kilmister

(1945 – 2015)

»Weshalb ich Atheist bin? Eine Jungfrau wird von einem Geist geschwängert? Come on! Piss off!«

Ian Fraser „Lemmy“ Kilmister war ein britischer Rockmusiker, Mitglied der Space-Rock-Band Hawkwind, Gründer der Rockband Motörhead sowie deren Sänger und Bassist.

M.S. Salomon

(*1967)

»Ist Weltfrieden ohne religiöse Abrüstung überhaupt möglich?«

Michael Schmidt-Salomon ist ein deutscher Philosoph, Autor und religions- und kulturkritischer Publizist.

Douglas Adams

(1952-2001)

»Genügt es nicht zu sehen,
dass ein Garten schön ist,
ohne dass man auch noch
glauben müsste, dass Feen
darin wohnen?«

Douglas Noël Adams war ein britischer Schriftsteller. Er wurde vor allem mit der satirischen Science-Fiction-Reihe »Per Anhalter durch die Galaxis« bekannt.

Der Autor

Claude Cueni, geb. 1956 in Basel, schrieb historische Romane, Psychothriller, Theaterstücke, Hörspiele und über 50 Drehbücher für Film und Fernsehen. Sein historischer Roman über den Papiergelderfinder John Law (Das Grosse Spiel) war auf Platz 1 der Schweizer Bestsellerliste und wurde in zahlreiche Sprachen übersetzt. Mit seinen Romanbiographien über Charles Henri Sanson (Der Henker von Paris), Gustave Eiffel (Giganten), die Entdeckung der Philippinen (Pacific Avenue) und die Dramatisierung des Gallischen Krieges (Cäsars Druide) hat er eine treue Leserschaft gefunden.

E-MAIL: claude@cueni.ch
WEBSITE: www.cueni.ch

Leseprobe

Das hier vorliegende Buch ist in Cuenis neuem Roman »Godless Sun« von Bedeutung. Die Romanfigur Mitch (43) schreibt diese Bibel. Nachstehend finden Sie die ersten Seiten aus diesem Werk.

Ich habe das nicht gewollt

Ich habe das alles nicht gewollt, die Sache ist aus dem Ruder gelaufen. Nachts schleichen sie um das Haus, werfen Steine gegen das Fenster oder tote Fische auf die Veranda. Ich bin sicher, eines Tages steht einer vor der Tür und stößt mir ein rostiges Messer in den Bauch. Ich habe das wirklich nicht gewollt. Ich bin auch kein Leader. Ich habe weder Charisma, noch bin ich eine stattliche Erscheinung. Ich gehöre nicht zu den Menschen, die man gleich wieder vergisst, ich gehöre zu den Menschen, die man gar nicht wahrnimmt. Das war immer so, bis vor kurzem.

Nachdem mich Natascha verlassen hatte, wollte ich ein ruhiges Leben führen, alle 14 Tage einen Geronimo-Heftroman abliefern und ansonsten meinen Frieden haben. Ja, ich schreibe Pulp, Pulp Fiction, Schundromane, Trash, Kioskromane, but don't judge a book by its cover! Es braucht eine Menge Recherchen und Phantasie, um alle 14 Tage aus dem Leben von Geronimo zu berichten. Geronimo ist der Kriegerhäuptling und Schamane der Bedonkohe-Apachen. Er starb 80-jährig in Fort Sill, Oklahoma. Wenn ich schreibe, muss ich mich an die Serienbibel halten. Alle sieben Autoren müssen sich daran halten. Das gilt auch für die Mystery-Serie »Insel des Grauens« und die neue Science-Fiction-Reihe »Orion, Herrscher der Galaxy«. Sie wird nächstes Jahr die Geronimo-Serie ablösen, dann findet der Wilde Westen im Weltall statt, endlose Galaxien statt zerklüfteter Canyons, Flüssignahrung statt Bohnen mit Speck, und Laserkanonen statt des Peacemakers von Samuel Colt. Streng genommen war Samuel Colt 1836 nicht der Erfinder, sondern lediglich der Patentinhaber und Produzent. Aber Bärbel streicht mir jeweils alle historischen Details. Ich hatte darum gekämpft, dass ich Geronimos ursprünglichen Namen, Bedonkohe, näher erläutern darf, denn er bedeutet »Der Gähnende«, aber Bärbel mailte, so genau wolle es unsere Leserschaft nicht wissen, deshalb würden die Pulp-Fiction-Leser am Bahnhofskiosk meine Heftromane kaufen und kein Sachbuch bei Amazon bestellen. Ich müsste mich an einem einfachen Publikum orientieren. Das gilt für alle Heftserien. Es gibt klare Regeln: einfache Sätze, am liebsten Hauptsätze, keine vielschichtigen Charaktere und vor allem: no sex. Es ist in Ordnung, wenn ein Mann seine verdreckten Reitstiefel auszieht, die silberne Gurtschnalle löst, aber dann ist Schluss mit Erotik. Das wäre ein Plot für die pinkfarbene Heftreihe »Leonie«, ein Fortsetzungsroman über eine Prostituierte, die tagsüber Musikunterricht erteilt und nachts wildfremden Männern einen bläst. Dylan liebt die Gefahr, aber die Flammen, die zwischen ihm und Leonie lodern, jagen sogar dem einsatzerprobten Feuerwehrmann Angst ein. Nichts für mich. Die Heftserien »Die Gräfin von Venedig« und die Adaption von Hansrudi Wäschers Comic »Sigurd, der richterliche Held« haben sie leider eingestellt. Dabei mag ich History über alles.

In Pulp-Fiction-Romanen ist History nur Kulisse, Dekoration, mehr nicht. Eigentlich erzählen wir immer die gleichen Geschichten von Liebe, Hass, Verrat, Rache, Macht und Reichtum, inszeniert vor wechselnden Kulissen. Den Wilden Westen mochte ich am meisten. Wenigstens darf ich noch 18 Hefte schreiben, bis die Serie von »Orion, Herrscher der Galaxy« abgelöst wird. Geronimo werde ich vermissen. Und besonders Cochise, den Häuptling der Chokonen-Apachen, der ihm die schöne Taz-ayz-Slath ausspannen will. Ich hätte noch reichlich Figurenmaterial, um bis an mein Lebensende neue Plots zu erfinden. Ulzana, Victorio und Nana, sie waren allesamt große Mitstreiter von Geronimo, aber sie verfügten nicht über seine Diya, die göttliche Gabe, Visionen zu empfangen, und die Ndaa K'ehgodih, die Kraft, das Gehirn der Feinde zu manipulieren und die Gesetze von Zeit und Raum aufzulösen.

Animistische Religionen, Aberglaube und die Manipulation von Menschen, das alles hat mich schon immer fasziniert, aber Bärbel meint, ich könne ja ein Sachbuch schreiben, in Zukunft sei Mystery gefragt. Die etablierten Kirchen verlören immer mehr Mitglieder, sie verlören den Glauben, aber nicht den Aberglauben. Das müsse bedient werden: Mystery sei die Religion des 21. Jahrhunderts.

So hat es mir Bärbel in ihrer Mail erklärt. Sie ist die Chefin des virtuellen Writer's Room. Sie ist eine der zahlreichen Lektorinnen von Morton & Stanley, die jährlich 18 Millionen Heftromane verkaufen. Bärbel betreut meine Serien und ist somit auch die Lektorin der anderen sechs Autoren. Wir schreiben unter dem gleichen fiktiven Autorennamen, Jack Hogan. Wir sind die Ghostwriter eines Autors, den es gar nicht gibt.

Selbst wenn mich einer dieser Männer, die nachts um das Haus schleichen, erschießt, werden die neuen Serien überleben. Ich habe einen Vorrat angelegt. Bärbel besteht darauf, dass wir eine Reserve für drei Monate haben, also sechs Heftromane von jeder Serie. Vielleicht würde mich Bärbel vermissen, wenn sie mich niederstechen, vielleicht, aber eher nicht. Sie würde zumindest bemerken, dass plötzlich keine neuen Folgen mehr kommen. Ich habe Bärbel noch nie live gesehen. Wir verkehren nur via Mail. Ich habe sie vor Jahren einmal gegoogelt und ein Foto von ihr gefunden. Sie wirkte etwas aufgedunsen, müde, vielleicht war sie früher mal eine schöne Frau, ich weiß es nicht. Jetzt hat sie tiefhängende Hamsterbacken, halblanges Haar, nicht sehr gepflegt, ich bin sicher, sie ist mittlerweile Single und daran gewöhnt. Ich mochte sie. Sie war immer sehr nett. Sie hatte eine einfühlsame Art, manchmal bestimmt und dominant, aber doch warmherzig und mütterlich im guten und im schlechten Sinne. Ich hatte den Eindruck, sie habe das Pensionsalter schon überschritten, aber vielleicht ergeht es ihr ähnlich wie uns Ghostwritern: Angesichts der bescheidenen Honorare muss Bärbel arbeiten, bis sie tot umfällt. Wie meine Helden in Dodge City, wenn der Fünfuhrzug einfährt. Aber jetzt fährt kein Zug mehr.

Wäre das alles nicht passiert, wäre ich bestimmt in der alten Villa von Onkel Calvin geblieben. Ich habe mich dort immer wohl gefühlt. Das ehemalige Herrschaftshaus wurde um 1850 von einem Eisenbahnmogul gebaut. Er soll ein visionärer Mann gewesen sein, der an die Zukunft der Eisenbahn glaubte und deshalb seine maison de plaisance direkt an die projektierte Eisenbahnlinie baute. Damals lag die Parzelle noch im Grünen inmitten von Feldern. Heute steht die Villa inmitten von Schrebergärten. Man nennt sie jetzt Familiengärten, weil Moritz Schreber, der Namensgeber, nicht mehr den besten Ruf genießt. Er war ein Arzt aus Leipzig, der zur Zeit der Industrialisierung die sozialen Folgen des Stadtlebens durch die Arbeit im Grünen, in sogenannten Armengärten, abfedern wollte. Er erfand übrigens auch ein Gerät zur Verhinderung der Selbstbefriedigung. Auf jeden Fall nennt man diese Gärten heute Familiengärten, aber man sieht dort unter der Woche kaum junge Leute. Es sind meistens Senioren oder Seniorinnen, die sich mit Akribie ihrem Gemüse widmen und den ganzen Tag über kaum ein Wort miteinander reden. Am Wochenende kommen auch Türken, Albaner, Kosovaren, Italiener und Portugiesen, sie kommen meistens mit der halben Familie, grillen und reden so laut, dass sich wiederum die einsamen Witwer aufregen, die frustriert ihre Erdbeeren pflücken, Weinbergschnecken mit der Gartenschere vierteilen und darüber nachdenken, was sie später mit dieser vollen Erdbeerschüssel anfangen sollen. Wann waren die Kinder das letzte Mal mit den Enkeln zu Besuch?

Onkel Calvin wohnte im Erdgeschoss der Villa. Er hatte sich in den ehemaligen Salon zurückgezogen, einen pompösen Saal mit einem wuchtigen Kristallleuchter, der über einem langen Konferenztisch hing. An die Stuckdecke war ein blauer Himmel mit weißen Wölkchen gemalt, mit putzigen, bunten Vögeln, die sich in Rosenranken versteckten. Am Ende des langen Tisches thronte Onkel Calvin in seinem abgewetzten braunen Chesterfield-Sessel. Die übrigen elf Sessel waren stets mit Zeitungen, Büchern und allerlei Nippes beladen. Links führte eine Schiebetür in die große Wohnküche. Aber Onkel Calvin empfing keine Besucher. Nur mich. Das ist nicht immer so gewesen.

Onkel Calvin hatte mir die beiden oberen Stockwerke überlassen, nicht aus Nächstenliebe, denn Onkel Calvin hat ein Leben lang nur sich selbst geliebt. Vielleicht werde ich später noch darauf zurückkommen, auf jeden Fall war Onkel Calvin mit seinen 87 Jahren nicht mehr so gut auf den Beinen. Treppensteigen, das war ihm zu mühsam geworden, nicht ungewöhnlich, diese motorische Einschränkung, das kommt ja nicht von heute auf morgen, das ist der Trost bei diesen altersbedingten Redimensionierungen, man vollzieht sie in kleinen Schritten, schluckt sie in mundgerechten Portionen, und nachdem sich Onkel Calvin zum ersten Mal den Schenkelhals gebrochen hatte, mied er fortan die oberen Stockwerke. Ich hatte diese deshalb für mich alleine, fünf große Zimmer im ersten Stock und weitere Räume im Dachgeschoss. Hier lagerte noch ein Teil des Mobiliars des früheren Besitzers, vollgestopfte Kommoden, Stühle mit gebrochenen Sitzflächen aus Bast, Tische mit gedrechselten Beinen, vollbeladen mit Bergen von verstaubten Kleidern, von Motten zerfressen, vergilbte Bücher mit spröden Ledereinbänden. Unter dem kleinen Dachfenster standen einige schwere Reisetruhen aus dem 19. Jahrhundert, in einer der Truhen war noch ein alter Katalog, »Malles et sacs de Louis Vuitton, Paris, 1 rue Scribe, Téléphone 239-68. Boîte pour chapeaux de dames, Malle cuir pour hommes«.

Ich weiß, ich verliere mich im Detail, das liegt einerseits daran, dass ich seit neun Jahren ohne Natascha lebe, aber auch daran, dass es mir körperliche Schmerzen zufügt, dass ich in meinen Heftromanen nicht aus dem Vollen schöpfen darf, dass ich nicht ein bisschen belesener sein darf als das Zielpublikum.

Ich hatte mir im ersten Stock ein kleines Paradies eingerichtet. Jedes meiner Zimmer war im Stil einer Epoche eingerichtet. Das Wild-West-Zimmer hatte ich als Saloon gestaltet, Arizona, 19. Jahrhundert, die Wände mit groben Holzplanken verkleidet. Einen Tresen aus alter Eiche mit antiker Spiegelwand hatte ich in Brüssel ersteigert und den ganzen Kitsch an den Wänden hatte ich von einem Westernstore übernommen, der Konkurs gegangen war. Das alte Klavier war schon da, ich spiele nicht Klavier, ich bin durch und durch unmusikalisch. Ich bewundere deshalb Sänger, Musiker und Komponisten, wie ich eigentlich alle Menschen bewundere, die Dinge können, die ich nicht beherrsche.

Onkel Calvin hat mich einmal darauf hingewiesen. Er hatte stets Zeit, über solche Dinge nachzudenken. Deshalb war er auch nachtragend, wie viele Menschen, die im Alter unsichtbar werden.

Er beschwerte sich oft darüber, dass ich den Boden des Westernzimmers mit schweren Holzdielen verlegt hatte. Er meinte, irgendwann würde der Boden einstürzen und ihn im Schlaf erschlagen. Sein Salon lag direkt unter meinem Saloon. Die Wortverwandtschaft kommt übrigens nicht von ungefähr. Französische Trapper nannten während des Goldrausches in Alaska die Holzbaracken, in denen sie Karten spielten, soffen und sich anschließend gegenseitig erschossen, Saloon, eine ironische Anspielung auf die gediegenen Pariser Salons Ende des 19. Jahrhunderts. Ich hatte dies letztes Jahr in der Folge »Smokey Smith« beiläufig erwähnt. Aber Bärbel hatte es gestrichen. Wie üblich. Ich muss mich offenbar an das Bildungsniveau von Primarschülern halten. Nur bei den Science-Fiction-Serien darf ich einen höheren Schulabschluss voraussetzen, was wiederum für mich einen dreifachen Aufwand für die Recherche bedeutet, weil ich nicht so viel von Raketenantrieben, schwarzen Löchern und der Relativitätstheorie verstehe.

Aber wir waren bei Onkel Calvin, der mich stets daran erinnerte, dass der Schreiner damals einen Mordslärm gemacht hatte. »Aber wenn ich den Boden wieder herausreiße«, entgegnete ich jeweils, »wird das wieder Lärm machen und eine Menge Staub aufwirbeln.« Er behauptete dann, dass er daran ersticken würde, und zürnte, ob es das sei, was ich wolle. Dass er sterbe, und ich das Herrschaftshaus für mich alleine habe. Dabei rauchte er wie ein Schornstein, kubanische Zigarren, und litt fürchterlich, wenn die Pollen im Frühjahr ihren Flug antraten. Im Sommer ertrug er die Hitze schlecht, im Herbst war er oft erkältet und im Winter fror er unsäglich und bat mich, die Heizung aufzudrehen und gleichzeitig Heizkosten zu sparen, ich solle bei mir oben weniger lüften. Ich sagte ihm einmal, er solle weniger rauchen, das beeinträchtige die Durchblutung in den Füßen, aber er nannte das dummes Zeug und zündete sich eine weitere Zigarre an. Wenn er es zu bunt trieb, erinnerte ich ihn daran, dass ich nie darum gebeten hatte, in seine Villa einzuziehen. Dann hielt er für eine Weile den Mund. Manchmal rächte ich mich an ihm, indem ich unsere Dialoge in der »Insel des Grauens« einbaute. Dort gibt es auch sowas wie ein verwunschenes Haus, in dem ein alter, mürrischer Mann die Geister der Vergangenheit heraufbeschwört.

(...)

Ja, Sie haben Recht, ich leide darunter, dass Autoren von Kioskromanen keine Anerkennung finden. Dabei sind sie für viele Menschen sehr hilfreich. Es gibt im deutschsprachigen Raum mittlerweile über zehn Millionen Honks. Das sind Hauptschüler ohne nennenswerte Kenntnisse. Die lesen Pulp-Fiction-Romane. Auch labile und frustrierte Menschen mögen Pulp Fiction. In Trashromanen ist ein Mann noch ein Mann. Heftromane bieten Struktur und Orientierung. Sie helfen zu akzeptieren, dass das Leben trostlos ist. Albert Camus sagte: »Die Phantasie tröstet die Menschen über das hinweg, was sie nicht sein können, und der Humor über das, was sie tatsächlich sind.« Die Gewissheit, dass jeden Donnerstag das neue Heft im Kiosk ausliegt, gibt der Woche eine Struktur, genau wie die Abendnachrichten. Darauf ist Verlass. Fällt ein Feiertag auf den Donnerstag, stürzt der Leser in die Abgründe seiner zerrissenen Seele und säuft wie der Irokese Handsome Lake nach der Schlacht von Devil's Hole.

Zu meinen Lesern gehören übrigens viele Alkoholiker, Suchtkranke, Menschen in Krisensituationen. Ich erfahre das meistens in den einschlägigen Foren. Ich poste manchmal etwas unter dem Namen »Crazy Horse« und frage scheinheilig: Wie hat euch eigentlich »Hängt ihn höher« gefallen? Pulp-Fiction-Leser sind treue Leser, sie werden nie richtig erwachsen und selbst wenn sie ihre Lebenskrise überwinden, besuchen sie weiterhin die geheimnisvolle Insel oder fliegen mit Commander Orion durch die Galaxy. Leser von Schundromanen sind leicht manipulierbar, sie träumen sich ihre Welt zusammen und sind dankbar für Illusionen aller Art. Ich glaube deshalb, dass die meisten religiös sind. Auf ihre Art natürlich.

Gefährlich wird es für uns Trashautoren, und natürlich auch für Bärbel, wenn die Leser ihre Einkommensverhältnisse signifikant verbessern, wenn sie plötzlich reisen. Die Tourismusindustrie ist der größte Feind der Schundliteratur. Immer mehr Menschen können immer billiger reisen. Die fliegen jetzt selbst an all die exotischen Orte, die ich mal beschrieben habe. Ich verliere meine Schauplätze, deshalb ist die neue Science-Fiction-Reihe so wichtig für mein wirtschaftliches Überleben. Die Galaxy hat noch keiner beflogen. Ich bin der Pilot, verdiene aber weniger als eine Stewardess.

Seit einigen Tagen erhalte ich die zahlreichen Morddrohungen sogar per Mail, das ist deshalb erstaunlich, weil man den Absender zurückverfolgen kann. Alle Dämme sind gebrochen. Ich hatte die Polizei um Hilfe gebeten, aber ein Beamter riet mir, einen Bodyguard zu nehmen. Ich fragte, ob es nicht die oberste Pflicht eines Staates sei, die Unversehrtheit seiner Bürger zu schützen, doch er meinte, niemand könne mehr für meine Sicherheit garantieren, ich sei selbst schuld. Aber ich schwöre, ich habe das nicht gewollt! Niemand konnte mit einer derartigen Eskalation rechnen. Ich verabscheue Gewalt, ich bin Pazifist, nicht aus Schwäche, sondern aus Überzeugung. Ich bin auch sonst, im privaten Umgang, ein sehr friedliebender Mensch, fast schon im asiatischen Sinne harmoniebedürftig. Selbst in meiner letzten Beziehung war ich derjenige, der nachgab. Ob das Klugheit oder die Feigheit des Pantoffelhelden war, sei mal dahingestellt. Ich weiß bis heute nicht, wieso mich Natascha vor neun Jahren verlassen hat. Ich dachte, unsere Liebe würde ewig halten.

Vielleicht war ich zu stark mit Geronimo beschäftigt. Oder mit seiner Geliebten. Aber das ist heute kein Thema mehr, ich mag nicht darüber sprechen. Ich weiß, John Steinbeck schrieb in »Jenseits von Eden«, wenn ein Mensch unter keinen Umständen über etwas sprechen wolle, bedeute es, dass er Tag und Nacht darüber nachdenke. Vielleicht hätte mir Natascha einen Tipp geben können, hätte mir erklären können, was ich bis heute nicht verstehe: Wie konnte das alles nur geschehen?

Ich weiß nicht, wie offen ich über die Ereignisse sprechen kann. In unserer narzisstischen Gesellschaft akzeptiert man kaum noch abweichende Meinungen. Political Correctness ist die Pflicht zur Realitätsverweigerung. Ich war stets ein entschiedener, ja kompromissloser Befürworter der freien Meinungsäußerung. Meinungsfreiheit bedeutet auch, dass man Dinge sagt, die niemand hören will. Ist von George Orwell, nicht von mir. Ich habe viele Dinge gesagt, die niemand hören wollte. Ich dachte, das kann man aushalten. Darüber kann man reden. Aber wenn Menschen sich nicht artikulieren können, schlagen sie zu. Das macht mir Angst. Die dümmsten Menschen sind die gefährlichsten.

Ich bin erleichtert, dass alles geklappt hat mit meinem Ticket. Ich dachte, vielleicht kriege ich unter meinem bürgerlichen Namen gar kein Ticket mehr, vielleicht verweigert man mir die Ausreise. Aber wer kennt mich schon unter meinem bürgerlichen Namen? Ich habe viele Namen, selbst Gott hat viele Namen, Autoren sowieso. Verzeihen Sie mir bitte, dass ich nicht immer »Autorinnen und Autoren« schreibe, das ist mir einfach zu anstrengend, physisch, aber auch intellektuell. Ich schreibe schließlich alle 14 Tage einen Heftroman à 64 Seiten, Normseiten, das sind 30 Zeilen à 60 Zeichen. Dafür braucht ein erfahrener Autor eine Woche. Ich kriege 1250 Euro für einen Roman, also 5000 im Monat. Sie werden sich vielleicht fragen, wieso ich mir das antue, wieso ich nicht was Anständiges gelernt habe? Ich bin schreibsüchtig, das ist alles, ich befriedige meine Sucht und verdiene damit auch noch meinen Lebensunterhalt. Andere Menschen brauchen Zigaretten, fressen sich voll, kaufen teure Uhren und schnelle Autos, verbringen ihre Freizeit in Casinos oder Bordellen und gehen dabei bankrott, ich sitze vor meinem Computer, erfinde Geschichten, reise in Gedanken mit meinen Figuren um die Welt, pendle zwischen vergangenen Epochen und zukünftigen Zivilisationen. Es ist die schönste Welt, die ich mir vorstellen kann, die Phantasie. Ich bin zufrieden damit, ich war es jedenfalls lange.

In den letzten Monaten hatte ich oft das Bedürfnis, mich mit den anderen Autoren auszutauschen. Ich bin eigentlich ein Familienmensch, obwohl ich ein Dasein als Robinson friste. Ich denke, ein regelmäßiger Austausch unter Berufskollegen, das wäre auch der Wunsch der anderen Autoren, aber Bärbel hat uns für die interne Kommunikation anonymisiert, wir kennen uns lediglich unter Namen wie »Cassidy John« oder »Lady Summerhill«. Ich heiße übrigens »Rebecca La Rue«, und niemand weiß, ob sich ein Amerikaner oder eine Spanierin hinter diesem fiktiven Autorennamen verbirgt. Diese Anonymität ist von Morton & Stanley gewollt. Keiner soll sein Honorar mit dem Einkommen der anderen vergleichen können. Für die Leserschaft sind wir alle Jack Hogan.

Viele junge Menschen träumen davon, Schriftsteller zu werden. Aber es ist kein einfacher Job, schon gar nicht, wenn sie in der Pulp Avenue stranden. Wenn Sie abends die »Insel des Grauens« verlassen oder mit Commander Orion aus der Galaxy zurückkehren und hinunterfallen in die reale Welt, in eine Bar, zu einem Date, und wenn Sie dann sagen, dass Sie Kioskromane schreiben, ist die Dame an der Bar bis ins nächste Jahrzehnt ausgebucht. Problematischer wäre es nur, wenn Sie gestehen würden, dass Sie arbeitslos sind. Nun gut, das könnte man schönreden und behaupten, man sei Privatier. Aber das Mädchen würde sich fragen, wieso ich wie ein Dudeist rumlaufe. Das sind die Freaks, die sich in der »Church of the Latter-Day Dude« vereinigt haben und den Lebensstil von »The Big Lebowski« verherrlichen. Aber auch das könnte man schönreden und behaupten, dass Multimillionäre heute nicht mehr in Edelklamotten rumlaufen, sondern eher in Jeans, Trainingsoberteil und Turnschuhen. Die können sich das leisten, die sind auf niemanden mehr angewiesen, die haben genügend Fuck You Money. Das bedeutet, sie haben genügend Geld, um in jeder Situation dem Gegenüber Fuck You ins Gesicht zu schleudern.

Aber das ist nicht mehr mein Thema. Wie alle Menschen, die die meiste Zeit mit ihrer eigenen Phantasie verbringen, neige ich zu Abschweifungen, vielleicht ist es auch Geschwätzigkeit oder gar eine Geringschätzung der Realität. Manchmal ist Geschwätzigkeit Ausdruck eines übertriebenen Egos, manchmal aber auch ein Zeichen von Einsamkeit. Ich bin sicher, Robinson hat wie ein Wasserfall geplappert, als ihn Daniel Defoe nach 28 Jahren von seinem tristen Inseldasein erlöste.

Aber worauf ich hinauswollte: Ich denke, ich brauche mit 43 Jahren keine neue Beziehung mehr, die länger als eine Nacht dauert. Nachdem mich Natascha verlassen hatte, wollte ich Single bleiben und niemanden im Haus haben, der mich daran erinnert, dass ich einen persönlichen Jahrestag vergessen habe. Freiheit bedeutet, um drei Uhr morgens zum Kühlschrank zu schlurfen und eine Currywurst zu fressen. Und niemand fragt wieso. Für Natascha war das sicher nicht einfach. Sie war eine jüdische Russin aus Paris, klingt vielleicht etwas exotisch, war es auch. Sie hatte blondes Haar, einen aufrechten Gang und war eine markante Erscheinung, groß, dominant, raumfüllend, und doch sehr fragil, hungrig nach Anerkennung und Fürsorge. Als Figur hätte Bärbel Natascha zusammengestrichen, zu komplex, versteht keiner. Auch ich hatte Mühe damit. Aber so war Natascha. Manchmal denke ich darüber nach, wo sie im Augenblick sein könnte, ob sie glücklich in einer Beziehung lebt. Ich verliere mich in Varianten, ausufernden Geschichten und realisiere erst nach Stunden, dass ich mir das alles ausgedacht habe. Natascha ist keine Heftserie, Natascha war neun Jahre lang meine Freundin. Wir hatten es gut miteinander, dachte ich jedenfalls.

Ich erwähnte schon, dass mir Lovestorys nicht liegen, ich meine als Autor. Ich hatte Bärbel auch schon Alternativvorschläge unterbreitet für eine neue History-Serie, »Priscus, Held der Arena«. Mein Held kämpft in der Zeit von Kaiser Titus im Flavischen Amphitheater. Damals gab es das Kolosseum noch nicht, er kämpfte gegen seinen besten Freund, den Gladiator Verus. Alles recherchiert. Der Dichter Martial hat diesen Jahrhundertkampf in einem Gedicht festgehalten, Rumble in the Jungle in der Antike. Wäre das kein Stoff für eine neue Römerserie gewesen? Aber Bärbel sagte, das Thema Gladiatoren sei ausgelutscht, es gebe schon zu viele davon. Ich mailte zurück, genau das könnte ein Hinweis darauf sein, dass das Interesse besonders groß sei, deshalb gebe es so viele Gladiatorenromane. Ich insistierte und mailte, dass ich gerne den Mithraskult der römischen Legionäre dramatisieren würde, den Kult der göttlichen Sonne, aber Bärbel meinte, ich solle doch gescheiter ein Sachbuch zum Thema schreiben, das sei ein ganz anderes Publikum.

Vielleicht habe ich deshalb heimlich "Godless Sun" geschrieben und bei Crocodile Books publiziert.

Crocodile Books ist kein richtiger Verlag, eigentlich bloß eine Druckerei, die sich selbst Druckaufträge beschafft, indem sie Bücher, die niemand publizieren will, gegen Vorschuss druckt und vertreibt. Marlon, mein Verleger, war ein missgewachsener Mann um die 40, vom Alkohol ausgezehrt. Sein Vater war ein stadtbekannter Kunstmaler gewesen, der sein halbes Leben in Kneipen verbracht hatte. Jetzt ist er tot, an einer Alkoholvergiftung gestorben, aber in den Kneipen der Altstadt hängen seine depressiven Bilder, die er jeweils den Wirten abtreten musste, um seine Besäufnisse zu bezahlen. Die Wirte dachten vielleicht, wenn der alte Oscar so weitersäuft, stirbt er bald und kleckert keine Leinwände mehr voll, dann steigen die Preise, das ist nun mal das Gesetz von Angebot und Nachfrage. Marlon hat mir das einmal erzählt, als er Flyer für einen Pizzaservice druckte. Er begleitete seinen Vater bereits im Kindesalter auf seinen Kneipentouren. Marlon sah sich als Rebell. Tagsüber druckt er Visitenkarten und schmale Broschüren, nachts druckt er Dinge, die kein Feuilletonredakteur anfasst, das macht ihm Spaß, deshalb hat er auch "Godless Sun" gedruckt. Er sagte damals, mein Buch sei ihm derart eingefahren, dass er eine ganze Woche nur noch gesoffen habe. Aber ich glaube, das tat er eh. Vielleicht ist es genetisch, schlechte Vorbilder, ich weiß es nicht. Ich war überglücklich, als Marlon "Godless Sun" druckte und auslieferte. Wir feierten zusammen mit seiner Freundin Aline drei Tage lang. In Aline war ich ein bisschen verliebt. Marlon hatte lediglich 500 Exemplare gedruckt. Einige Dutzend hatte ich selbst bestellt, um zu prüfen, ob Bestellvorgang und Lieferung funktionieren. Ja, hat alles funktioniert, ich habe mittlerweile zweihundert Exemplare unter meinem Schreibtisch. Und alle bezahlt. Ich habe insgesamt etwa 30 Exemplare verkauft, aufgerundet. Ich traf Aline einmal an einer Bushaltestelle. Sie sagte mir, Marlon saufe immer noch, er schlage sie auch, sie habe eine Fehlgeburt erlitten, er habe sie regelrecht geprügelt. Sie habe sich in der Toilette eingeschlossen und dann sei es passiert, direkt in die Kloschüssel. Man hätte bereits Händchen und Füßchen erkennen können.

»Wie kann Gott sowas zulassen?«, hatte sie geschluchzt. Hinter ihr hing ein Plakat der christlichen Agentur für den Glauben. Auf blauem Hintergrund stand in großen gelben Lettern geschrieben: »Gott liebt dich!«.

Ich hatte Aline in den Arm genommen und ihr gesagt, sie könne bei mir wohnen. Sie wohnte zwei Tage bei mir. In der zweiten Nacht erschien Marlon im Treppenhaus und grölte, er würde sich eine Kugel durch den Schädel jagen, wenn sie nicht sofort zu ihm zurückkäme. Aline kramte rasch ihre Siebensachen zusammen und rannte zur Wohnungstür. »Er braucht mich«, schrie sie verzweifelt, als sie die Treppe hinuntereilte. Mir schien, sie platze schier vor Glück. Es ist mir ein Rätsel, wieso sich Frauen sowas antun. Aber die römische Antike ist leichter zu verstehen als die weibliche Psyche.

Ich habe später, wohl aus Trotz und Verzweiflung, "Godless Sun" noch ins Englische übersetzt. Ich dachte, der englische Markt ist viel größer als der deutschsprachige. Das ist schon richtig, aber auch die englische Variante hat sich nicht verkauft. Ich habe die englische Ausgabe mit der Amazon Software Createspace als Selfpublisher publiziert, als E-Book und Print on Demand, außer Spesen nix gewesen.

Ich sagte vorhin, ich sei froh gewesen, dass alles geklappt hat mit dem Flugticket und so. Nein, nicht alles hat geklappt. Ich habe damals den Abflug verpasst. Venedig war nie mein Schicksal, aber es war der nächstbeste Flug aus der Hölle. Ich dachte, flieg doch erst mal nach Venedig, von dort kannst du dann weiterreisen, Hongkong, Südamerika, Neuseeland, Miami, einfach so lange zwischen Ost und West hin- und herfliegen, bis alle meine Spuren verwischt sind oder meine Maschine abgestürzt ist.

Al Ponte Antico, Venedig

Die Maschine stürzte nicht ab, allerdings fiel ich beinahe ins Wasser, als ich das schaukelnde Wassertaxi bestieg. Wir bretterten über den Canale della Giudecca, bis wir schließlich in gemächlichem Tempo in den Canal Grande einbogen. Das Erste, was mir auffiel, war der Gestank, der Gestank von 1000 Jahren Zivilisation und verlotterten Abwasserkanälen. Der Markusplatz war schon sehr belebt, Touristenschwärme, die sich wie eine bunte Lava in die schmalen Gassen verteilten. Das Hotel Al Ponte Antico hatte eine eigene Anlegestelle, die nachts von vier Laternen erleuchtet wurde. Der Portier, ein missgewachsener, athletischer Italiener, begrüßte mich wie einen alten Verwandten und genoss mit sichtbarem Stolz meine Bewunderung, als wir von der Anlegestelle durch den Hintereingang in einen gruftähnlichen Hotelflur traten. Das Gewölbe war in Terrakotta-Farbtönen bemalt, der Boden mit schwarzweißen Mosaiken ausgelegt, gleich rechts befand sich der Eingang zu meiner Suite. Ich hatte mir ausdrücklich das Erdgeschoss gewünscht. Der Portier trug meinen Koffer in den loftähnlichen Salon und sagte, das Gebäude stamme aus dem 16. Jahrhundert und gehöre seit Generationen seiner Familie, Frühstück gebe es um 7.30 Uhr und sein Name sei Bruno. Die Wände waren mit kostbaren Stoffen tapeziert, die Inneneinrichtung bestand aus Möbeln im Stil Louis XV. Schwer beeindruckt schaute ich zu den handbemalten Stuckaturen an der Decke, spürte die steinharte Verspannung im Nacken, den üblichen Tribut, den Vielschreiber zu bezahlen haben, und machte ein paar Schritte zum raumhohen Doppelfenster, das den Blick auf den Canal Grande freigab. Der Holzboden war mit dem Wasserspiegel bündig, man konnte die Gondeln und Schiffe vorbeischleichen sehen, und hätte ich mich aus dem Fenster gelehnt, ich hätte dem einen oder anderen Touristen übers Haar fahren können. Aber nicht wahr, wieso hätte ich das tun sollen?

»Mitch«, sagte Bruno freundlich und strahlte übers ganze Gesicht, als er auf die offene Arkade zeigte, früher habe man hier einen Laden betrieben und deshalb den Raum mit der Arkade in zwei Hälften unterteilt, im hinteren Teil hätten noch seine Urahnen geschlafen. Ich erwähne das zögernd, weil mir Bärbel so oft eingetrichtert hat, dass Leser es nicht so genau wissen wollen. Die einen mögen das, die anderen ziehen eine Reservation auf der »Insel des Grauens« vor, freie Sicht auf das geheimnisvolle Moor und bläulich aufgedunsene Leichen zum Frühstück.

Ich verbrachte den Abend mit einem Amarone di Valpolicella vor den offenen Fensterflügeln und schaute den Booten nach, die wie in Slow Motion an meinem Fenster vorbeizogen. Im Hintergrund leuchteten die Lichter der Rialtobrücke, das Wasser schimmerte in warmen Kupfertönen, ich fühlte mich einsam, verlassen. Bruno hatte mir ein paar Restauranttipps gegeben, zwischen dem Palazzo dei Camerlenghi und dem Rialtomarkt würde ich viele Kneipen finden, die Livemusik spielten, Venedig sei in der Nacht am schönsten, in jeder menschenleeren Gasse können man dem mystischen Gesang der Vorfahren lauschen, man müsse nur genau hinhören, aber ich hatte ihm erklärt, dass mir eine Flasche Amarone genügen würde. Nein, ich wollte auch keine weibliche Gesellschaft.

In der Nacht träumte ich von der »Insel des Grauens«. Es gab dort ein Haus am See. Vielleicht ist es nur gerecht, dass Autoren Opfer ihrer eigenen Geschichten werden. Ich war nackt und stieg aus dem offenen Fenster. Wie in Trance schritt ich in der Dunkelheit auf das Moor zu. Ich wusste, dass ich das nicht durfte, dass es mein Ende bedeuten würde, aber ich konnte nichts dagegen tun. Ich musste es tun. Das Moor nahm mich auf, ließ mich langsam versinken, und indem ich wild mit den Armen ruderte, beschleunigte ich meinen Untergang. Ich sank tief, bis auf den schlammigen Grund. Ich blieb dort eine ganze Weile, bis ich im Schlamm etwas ertastete. Es war ein Flaschenhals. Obwohl es hier unten stockfinster war, konnte ich das Etikett lesen. Es war ein Bordeauxwein. Ich öffnete ihn. Natürlich war mir klar, dass man nicht unter Wasser eine Flasche Wein öffnen kann. Ich tat es trotzdem und nahm einen Schluck dieser trüben Flüssigkeit. Ich bin kein Weinexperte, ich bin eher der Weintrinker, trotzdem hätte ich dieser gräulichen Sauce ein Schwefel-Bukett attestiert, mit einer dominanten Krabben-Salzwasser-Note und einem diskreten Benzin- und Essigaroma. Die Flasche stammte aus einem Schiffswrack, das 1864 zur Zeit des amerikanischen Bürgerkriegs vor der Küste Bermudas gesunken war. Normalerweise braucht es für eine solche Analyse Historiker, Chemiker und Meeresbiologen, aber in diesem grässlichen Traum wusste ich alles. Bis auf eine Sache: Was hatte der abgetrennte Kopf im Schlamm zu suchen? Ich kannte diesen Kopf, aber ich konnte mich nicht erinnern, zu welchem Ereignis dieser Kopf gehörte. Oder zu welchem Rumpf. Ich starrte diesen wachsfarbenen Kopf an, die Augen lagen wie verkohlte Aprikosenkerne in den Höhlen, ich blickte ins Antlitz des Todes.

Als ich schweißgebadet aufwachte und realisierte, dass ich hier in einem Hotelbett in Venedig lag, beschloss ich, meine Geschichte niederzuschreiben. Vielleicht beginne ich jetzt ganz von vorne.

Textauszug: Godless Sun, Roman, 370 Seiten, Offizin Verlag, ISBN: 978-3-906276-40-3

Zuletzt erschienen

Claude Cueni
SCRIPT AVENUE
Autobiographischer Roman
Taschenbuch: 640 Seiten
ISBN: 978-3453419-02-5

Ein üppiges, überbordendes, vitales, unterhaltsames, witziges, trauriges, tröstliches und hartes Buch mit Figuren, die einen auch nach der Lektüre nicht so schnell verlassen.
Deutschlandfunk

Besser, packender schreibt derzeit keiner! Kauft das Buch! »Script Avenue« ist »Pulp Fiction« in Buchstaben.
Blick

Claude Cueni
DAS GROSSE SPIEL
Historischer Roman
Taschenbuch: 448 Seiten
Verlag: Heyne TB (2. Januar 2008); 5. Auflage
ISBN: 978-3453432-77-2

Cueni lehrt, was Wissen erst so richtig sexy macht: Wenn es sorgfältig verpackt ist in süffige Geschichten von Geld, Macht und chronischem Lendenleiden.
STERN

Sprachgewaltig. Cuenis Roman verbindet historische Fakten, ökonomische Theorien und wilde Abenteuer zum perfekten Lesegenuss.
Handelsblatt

70155145R00109

Made in the USA
Columbia, SC
06 May 2017